MOYENS

DE

PROCURER AUX VAISSEAUX

DE DIFFÉRENS RANGS,

Des Qualités pareilles, et une égale Activité dans leurs Manœuvres et dans le service de leur Artillerie;

Par ÉDOUARD BURGUES MISSIESSY,
Contre-amiral.

A PARIS,

DE L'IMPRIMERIE DE LA RÉPUBLIQUE.

An XI = 1803 (v. s.)

MOYENS

De procurer aux Vaisseaux de différens rangs, des Qualités pareilles, et une égale Activité dans leurs Manœuvres et dans le service de leur Artillerie.

L'EXPLOITATION des forêts propres à la construction des vaisseaux donnant des pièces de bois de différentes dimensions, les forces navales ont dû être constituées en bâtimens de différens rangs, pour utiliser ces bois avec le moins de perte possible. A ce motif se joint celui que les puissances maritimes faisant la guerre dans toutes les parties du globe, leurs vaisseaux doivent avoir une grandeur, en quelque sorte, proportionnée au brassiage des baies, rades et ports, afin que les expéditions aient plus de chances de succès et soient moins dispendieuses.

Il y a eu en France jusqu'à huit rangs de vaisseaux; savoir, ceux de 110 canons, de 100, de 80, de 74, de 70, de 64, de 60 et de 50; et trois rangs de frégates, celles de 40, de 32 et de 26 canons. Nos armées navales, dans la guerre de 1778, étaient composées de ces différens rangs; mais les vaisseaux de même rang, quoiqu'ils eussent une membrure, une

En adoptant les vues qui ont porté le Gouvernement à fixer les rangs des vaisseaux à trois, et à deux ceux des frégates ; à déterminer les calibres de leur artillerie, la quantité de rechange, de vivres et d'eau ; et en reconnaissant le principe que leur largeur et leur creux doivent être dans les mêmes rapports avec leur longueur, nous allons indiquer les moyens qui procureront aux vaisseaux de différens rangs des qualités pareilles et une égale activité dans leurs manœuvres et dans le service de leur artillerie, et qui par conséquent constitueront une marine bien organisée.

On fit un pas vers ce but, lorsqu'on régla les dimensions principales des différens rangs de vaisseaux dans des rapports égaux entre elles ; mais, en examinant ce qui contribue à la vîtesse des bâtimens, à leur cinglement dans le vent, à leurs mouvemens de rotation, à leur stabilité et à leurs mouvemens de tangage et de roulis, on reconnaît que ces seuls rapports sont comme nuls pour procurer aux vaisseaux des qualités égales.

En effet, le déplacement d'eau, les formes de la partie submergée et la surface de la voilure ont une grande influence sur la vîtesse des vaisseaux.

La hauteur du tirant d'eau, la hauteur de l'œuvre-morte, l'élancement, la quête, la position du centre d'effort de la voilure, la coupe des voiles, la grosseur et la disposition des cordages et des poulies du gréement, en ont beaucoup sur le cinglement dans le vent.

La forme et la surface du gouvernail, la position et les proportions de la mâture, et la position du centre de gravité en charge, n'en ont pas moins sur le mouvement de rotation.

La position du métacentre, la nature des objets qui composent la charge, la distribution des poids et leur arrimage, influent sur la stabilité et sur les mouvemens de tangage et de roulis.

Ainsi, pour assurer aux vaisseaux de différens rangs des qualités pareilles, il faut qu'ils aient non-seulement les mêmes rapports dans leurs dimensions principales, mais encore dans leur déplacement, dans les formes de la partie submergée, dans la surface de voilure, dans la hauteur du tirant d'eau, dans celle de l'œuvre-morte, dans l'élancement, dans la quête, la forme et la surface du gouvernail, la position du métacentre, celle du centre de gravité en charge, celle du centre d'effort de voilure, la position et les proportions de la mâture, la grosseur et la disposition des cordages et poulies du gréement, la coupe des voiles, les objets qui composent la charge, enfin dans l'arrimage et l'installation.

On aurait exactement ces différens rapports, en se servant des plans de construction, de mâture, de voilure et de gréement du vaisseau de 74, pour construire, mâter, voiler et gréer les vaisseaux de 80 et ceux de 118, sur une échelle graduée à de plus grandes dimensions : de même pour l'arrimage et l'installation, en tout ce qui en est susceptible.

Nulle difficulté, s'il y avait le même rapport dans le cube des dimensions principales du vaisseau de 74 et son déplacement, que dans le cube des dimensions du vaisseau de 80 et du vaisseau de 118 et leur déplacement ; mais il y a beaucoup de différence.

Pour les établir en rapport, il faut ou augmenter la longueur, la largeur et le creux des vaisseaux de 80 et de 118, et déjà les dimensions de ces derniers ont obligé de donner à leur grande vergue une grosseur, en quelque sorte, disproportionnée avec la taille des hommes ; ou diminuer la charge des vaiseaux, ce qui est préférable, parce que cette diminution en motivera une dans leur déplacement et dans leurs dimensions.

La première chose qui se présente dans les moyens de diminuer la charge, c'est la réduction des équipages.

A égalité de rang, les vaisseaux anglais ont un équipage moins nombreux que les nôtres d'un cinquième ; différence bien plus grande que celle qui doit résulter du service de leurs canons comparés aux nôtres.

Leurs vaisseaux de 74, portant vingt-huit canons de 32 à la première batterie, trente de 16 à la seconde et seize de 9 sur les gaillards, ont cinq cent soixante-quinze hommes d'équipage. Nos vaisseaux de 74, portant vingt-huit canons de 36 à la première batterie, trente de 18 à la seconde et seize de 8 sur les gaillards, ont sept cent six hommes d'équipage, suivant le réglement de 1786, et sept cent seize, suivant la loi du 3 brumaire an 4.

En modelant nos équipages sur les leurs, et ayant égard à la supériorité de nos calibres, nos vaisseaux de 74 auraient six cent quatre hommes d'équipage, c'est-à-dire, vingt-neuf hommes de plus que les leurs; au lieu de cela ils en ont cent trente-un, d'après le réglement de 1786, et cent quarante-un, d'après la loi du 3 brumaire.

L'équipage, pour les bâtimens de guerre, se détermine généralement sur le nombre d'hommes nécessaire pendant le combat à la manœuvre, aux hunes, à l'artillerie, à la mousqueterie, au passage des poudres, aux galeries, archipompe et pompes, et au pansement des blessés.

Si l'on compare la quantité d'hommes que les Anglais emploient dans leurs vaisseaux de 74, avec celle que nous avons dans les nôtres, et ayant égard à la différence que nécessitent les calibres de nos canons, on trouvera que les Anglais mettent à l'artillerie autant d'hommes que nous, mais moins aux autres parties du service.

Nous pensons qu'il est nécessaire de conserver le nombre d'hommes affecté à la manœuvre, au commandement et à la surveillance des batteries, dans nos vaisseaux de ce rang; mais qu'il serait avantageux de se borner à-peu-près à celui que les Anglais mettent aux hunes et à la mousqueterie : le motif qui vraisemblablement a déterminé leurs dispositions , c'est que des hommes dans ces postes-là, souvent inutiles par la distance et la position à laquelle une action s'engage, sont non-seulement les plus exposés aux boulets et à la mitraille de l'ennemi , mais encore à la chute des poulies et des mâts. Nous pensons aussi qu'il conviendrait d'employer au passage des poudres à-peu-près le nombre d'hommes que nous y affectons; mais que celui que nous avons aux galeries et au pansement des blessés , est susceptible d'une grande réduction.

En se réglant ainsi, pour fixer numériquement l'équipage de nos vaisseaux de 74, et en prenant pour base les données qu'on en déduit, la détermination de l'équipage, sur le pied de guerre, des vaisseaux et des frégates de différens rangs , devrait être ainsi qu'il suit ;

SAVOIR:

A LA MANŒUVRE, le nombre d'hommes pour gouverner et serrer les trois huniers en même temps.

Pour gouverner,
{
2 hommes sur les frégates ,
3 hommes sur les vaisseaux à 2 batteries,
4 hommes sur les vaisseaux à 3 batteries.
}

Pour serrer les trois huniers en même temps,

{

autant d'hommes sur les frégates, qu'il y a de fois 24 pouces dans leur envergure ;

autant d'hommes sur les vaisseaux à 2 batteries, qu'il y a de fois 18 pouces dans leur envergure ;

autant d'hommes sur les vaisseaux à 3 batteries, qu'il y a de fois 16 pouces dans leur envergure.

Cette différence de nombre est nécessitée par les difficultés qui augmentent dans tout autre rapport que celui des dimensions.

AUX HUNES , un nombre d'hommes égal au 10.me de celui affecté à la manœuvre.

A L'ARTILLERIE, un nombre d'hommes, à raison

de 15 par canon de 36 ,
de 12 par canon de 24 ,
de 10 par canon de 18 ,
de 7 par canon de 12 ,
de 5 par canon de 8 ,
de 4 par canon de 6 ,
de 3 par caronade ;

d'un, sur 25 hommes employés au service des canons de chaque batterie , pour les commander et les surveiller ;

d'un, sur 50 hommes affectés au service des canons de chaque batterie , lorsqu'ils excèdent 150 ; de 4 pour ce nombre ; et de 2 seulement dans ceux au-dessous , pour la distribution des poudres dans chaque batterie ;

d'un, sur 70 hommes employés au service des canons de la batterie supérieure , lorsque ce nombre est au-delà de 150 ; et de 2 seulement ,

lorsqu'il est moindre, pour y passer les gardes-
feux ;

de 4, sur les vaisseaux, et de 2 sur les frégates,
pour garder les écoutilles de la batterie commu-
niquant à la cale ;

d'un, sur 50 hommes affectés au service des canons, au commandement et à la surveillance
de chaque batterie, pour secourir les blessés.

A LA MOUSQUETERIE, un nombre d'hommes égal au 5.me
de celui affecté à la manœuvre et aux hunes.

AU PASSAGE DES POUDRES, un nombre égal aux $\frac{3}{8}$ de
celui des canons.

AUX GALERIES, ARCHIPOMPE ET POMPES, un nombre
égal au 80.me des hommes affectés à la manœuvre,
aux hunes, à l'artillerie, à la mousqueterie et au
passage des poudres, ou au 20.me de la longueur
du bâtiment.

AU PANSEMENT DES BLESSÉS, un nombre égal au 50.me
des hommes employés à la manœuvre, aux hunes,
à l'artillerie et à la mousqueterie.

Ces bases prises, pour ainsi dire, dans la nature des
choses, établissent les équipages avec ces différences
comparatives, SAVOIR :

		Selon le Réglement de 1786.	Selon le Réglement des Anglais.
Pour les Vaisseaux	de 74	à 86	à 16
	de 80	à 130	à 20
	de 120	canons, à 199 hommes de moins.	à 33 hom. de plus.
Pour les Frégates	de 36	à 52	à 10
	de 40	à 48	à 12

Les quatre - vingt - six hommes de moins dans l'é-
quipage du vaisseau de 74 apporteront dans sa charge

une diminution de 89 tonneaux de poids et d'encombrement, dont $10\frac{3}{5}$ proviennent du poids des hommes et de celui de leurs effets, 27 de l'eau, 8 des futailles, $1\frac{2}{5}$ du bois d'arrimage, 40 des vivres et 1 des provisions de table.

Cet encombrement de moins met à même de réduire les dimensions des vaisseaux de ce rang à 166 pieds de longueur, 43 de largeur et 21 pieds 4 pouces de creux, en établissant, comme aux vaisseaux actuels, la largeur et le creux dans un même rapport relativement à la longueur.

Les dimensions étant ainsi réduites, la mâture, la voilure, le gréement et le rechange des maîtres, pour ce qui en dépend, le seront dans un semblable rapport. Le lest, dont la quantité n'a jamais été réglée, nous le fixons au 18.me du poids du déplacement d'eau.

En formant un tableau, par articles, du poids des objets qui composent la charge du vaisseau de 74, d'après les dimensions actuelles et d'après celles que l'on propose, on verra que de la diminution d'hommes et de dimensions résulte une réduction de 190 tonneaux dans le poids total de la charge. (*Voyez* le tableau.) Cet avantage est certain, si l'on brûle aux cuisines, comme tout semble le prescrire, du charbon de terre au lieu de bois ; car le bois à brûler est au charbon de terre, pour le prix, le poids et le volume, comme 7 est à 1. Le volume du bois ne permet

d'en embarquer que pour quatre mois de campagne,
et l'encombrement de bois pour quatre mois est qua-
druple de celui du charbon de terre pour sept.

Afin que le vaisseau de 74, d'après les nouvelles
dimensions, ait des qualités égales à celles du vaisseau
de 74 en usage, nous avons établi le déplacement
dans le même rapport avec le cube de leurs dimensions : en conséquence les plans de construction, de
mâture, de voilure et de gréement seront les mêmes;
l'échelle seulement variera.

Les cent trente hommes de moins dans l'équipage
du vaisseau de 80, et les cent quatre-vingt-dix-neuf
dans celui du vaisseau de 120, diminueront la charge,
savoir, de 144 tonneaux de poids et d'encombrement
au premier, dont $17\frac{1}{2}$ proviennent du poids des
hommes et de celui de leurs effets, 39 de l'eau, 13
des futailles, 3 du bois d'arrimage, 70 des vivres et
$1\frac{1}{2}$ des provisions de table; et au vaisseau de 120,
de 223 tonneaux, dont $26\frac{1}{4}$ proviennent du poids
des cent quatre-vingt-dix-neuf hommes et de celui de
leurs effets, $59\frac{1}{2}$ de l'eau, 19 des futailles, $4\frac{1}{2}$ du
bois d'arrimage, 110 des vivres, et $2\frac{3}{4}$ des provisions
de table. Cette diminution d'encombrement donne le
moyen de réduire les dimensions du vaisseau de 80
à 175 pieds de longueur, $45\frac{1}{3}$ de largeur et $22\frac{1}{2}$ de
creux; et celles du vaisseau de 120 à 189 pieds de
longueur, $48\frac{5}{6}$ de largeur, et $24\frac{1}{4}$ de creux, en
mettant leur largeur et leur creux dans les mêmes

rapports relativement à leur longueur que dans le vaisseau de 74 réduit; et de même pour leur mâture,
leur voilure, gréement et rechange des maîtres. Le
lest, nous l'avons déjà fixé au 18.me du poids du déplacement d'eau, et nous croyons qu'on doit observer
cette proportion dans les bâtimens de tous rangs.

En formant aussi, pour le vaisseau de 80 et le
vaisseau de 120, un tableau, par articles, du poids des
objets qui composent la charge d'après les dimensions actuelles et d'après celles que l'on propose, on
observera que la réduction de dimensions et du nombre
d'hommes assurent une diminution de 339 tonneaux
dans le poids total de la charge du premier, et 491
tonneaux dans la charge du dernier. (*Voyez* leur
tableau.)

Pour qu'il ne puisse y avoir aucune différence dans
les qualités des vaisseaux de 74, de 80 et de 120
canons, d'après les dimensions proposées, nous avons
établi le déplacement dans un même rapport avec le
cube des dimensions. En conséquence, on pourra se
servir des mêmes plans de construction, de mâture,
de voilure et de gréement pour ces trois rangs de
vaisseaux. L'échelle aura une graduation relative aux
dimensions. La dunette, dans les vaisseaux à trois
ponts, sera supprimée, afin que la hauteur d'œuvre-
morte de ces derniers soit en rapport avec celle des
vaisseaux de 80 et de 74.

Cinquante-deux hommes de moins dans l'équipage

des frégates de 36 canons, et quarante-huit dans celui des frégates de 40, détermineront une diminution de 56 tonneaux de poids et d'encombrement, dont $6\frac{3}{4}$ proviennent du poids des hommes et de leurs effets, 15 de l'eau, $4\frac{1}{2}$ des futailles, 1 du bois d'arrimage, $27\frac{1}{2}$ des vivres et $1\frac{1}{4}$ des provisions de table. En admettant que ces frégates aient, comme les vaisseaux, sept mois de vivres, quatre mois d'eau et de bois à brûler, on est en mesure de réduire les dimensions des premières à 129 pieds de longueur, 33 de largeur et 17 de creux; celles des dernières, à 139 pieds de longueur, $35\frac{1}{2}$ de largeur et $18\frac{1}{4}$ de creux. Leur largeur et leur creux ont été établis dans les mêmes rapports relativement à leur longueur; il en est ainsi de leur mâture, voilure, gréement et rechange des maîtres. Le lest, ainsi qu'aux vaisseaux, nous l'avons fixé au 18.me du poids du déplacement d'eau.

En formant, pour les frégates de 36 et de 40, de même que pour les vaisseaux, un tableau, par articles, du poids des objets qui composent la charge d'après les dimensions actuelles et avec six mois de vivres, trois mois d'eau et de bois à brûler, et d'après celles que l'on propose avec sept mois de vivres et quatre mois d'eau, ainsi qu'ont les vaisseaux, il résultera d'un nombre d'hommes moindre et de la diminution de dimensions une réduction de 71 tonneaux dans le poids total de la charge des premières, et de 79

tonneaux

tonneaux dans la charge des dernières. (*Voyez* leur tableau.)

Afin que les qualités des frégates de 36 et de 40 canons soient égales, nous avons établi le déplacement dans un même rapport avec le cube des dimensions ; et par-là les mêmes plans de construction, de mâture, de voilure et de gréement, serviront aux deux rangs de frégates, en graduant l'échelle d'après leurs dimensions.

Nous considérons comme indispensable qu'on demande pour la construction d'un bâtiment, non-seulement les plans d'élévation, de vertical, de lignes d'eau, de lisses et le poids du déplacement d'eau qu'il est d'usage de donner, mais encore les plans de mâture, de voilure, de gréement, d'arrimage et d'installation ; la position du métacentre, celle du centre de gravité en charge, et celle du centre d'effort de la voilure au plus près du vent à toutes voiles ; le poids de coque et celui de chaque objet composant la charge ; les plans d'élévation, de vertical, de lignes d'eau, de lisses, de mâture, de voilure et de gréement de chacune des embarcations ; ainsi que l'exposé des motifs, avec les élémens de calcul qui ont servi de base ;

2.º Que dans la confection des plans on soit obligé de s'assujettir à la longueur, à la largeur, au creux, au tirant d'eau, à la quête, à l'élancement, à la rentrée, à la hauteur d'œuvre - morte, à la hauteur de batterie, à la hauteur des entreponts, à la longueur des

ponts de gaillards et dunette, à la largeur des passe-
avants , à la hauteur des seuillets , à la place des sabords , à leur largeur et hauteur, à la grandeur des
mailles , aux dimensions de toute la charpente, à la
surface de voilure, aux dimensions des mâts, voiles ,
cordages et poulies de gréement, aux objets d'équipe-
ment et de rechange, à la quantité de vivres et d'eau ,
à l'équipage sur le pied de guerre , au déplacement
d'eau et aux dimensions de chacune des embarcations
qu'un réglement détermineroit pour chaque rang de
bâtiment ;

3.° Que la surface du maître-couple soit le moins
étendue possible, pour le plus grand avantage de la
marche, suivant l'opinion du savant Borda ;

4.° Que l'avant soit assez renflé par un contour
suivi et sans cavité dans les lignes d'eau , pour que le
poids du déplacement d'eau de la quatrième tranche
avant se rapproche plus du poids de la coque et de
la charge que dans les constructions en usage, afin
que les vaisseaux se rompent moins et plus lente-
ment ;

5.° Que, par les mêmes motifs, les lignes d'eau
sur l'arrière soient resserrées de manière à conserver
à la quatrième tranche arrière un déplacement d'eau
moins éloigné du poids de la coque et de la charge
que dans les bâtimens actuels ;

6.° Que le poids du déplacement d'eau des différentes parties du bâtiment soit le plus égal possible

à ceux de coque et de charge qu'elles doivent avoir, afin que les mouvemens fassent moins obstacle à la vîtesse ;

7.° Qu'en laissant aux constructeurs à déterminer la position de chaque mât, on les assujettisse à des conditions exigibles pour la mâture, la voilure et le gréement ;

8.° Que, par la comparaison des plans présentés, avec ceux d'un bâtiment dont les qualités à la mer seraient parfaitement connues, on donne toutes les probabilités que le vaisseau aura la stabilité desirable, des mouvemens de rotation très-prompts, et qu'il cinglera bien dans le vent.

Indépendamment de ces conditions, qui offrent une garantie des bonnes qualités d'un bâtiment, l'importance des constructions de vaisseaux de ligne doit engager à réunir les plus grands géomètres, les meilleurs marins et les plus habiles constructeurs, pour fixer le choix du Gouvernement sur les plans présentés au concours, lorsqu'il s'agiroit de construire un vaisseau ou tout autre bâtiment de guerre.

Cette commission, ainsi composée d'hommes les plus éclairés et les plus propres à perfectionner l'architecture navale, ferait connaître,

1.° A quel degré les plans soumis à son examen ont rempli les conditions exigées ;

2.° Les divers motifs qui ont fixé son choix ;

3.° Si les plans préférés réunissent tous les avantages

que les connaissances acquises en théorie et en pratique peuvent donner.

Le Gouvernement, en ordonnant la construction conformément aux plans adoptés et au rapport de la commission, ne saurait prendre trop de précautions sur leur stricte exécution dans les ports : le moyen qui présente le plus de sûreté, serait d'y nommer une commission temporaire, qui en répondrait et en justifierait par écrit sur les plans mêmes. Cette commission serait composée d'officiers de la marine et du génie maritime de différens grades.

Pour exciter le génie à mettre à profit l'expérience et le progrès des lumières sans altérer cet ensemble inappréciable dans les mouvemens des forces navales, et sans constituer l'État dans des essais dispendieux, on demanderait tous les ans des plans nouveaux de construction pour des frégates et des vaisseaux.

Ces plans seraient soumis à une commission : si elle leur reconnaissait des avantages sur ceux en usage, et qu'elle crût un essai indispensable pour confirmer l'opinion qu'elle en aurait conçue, elle ferait à ce sujet un rapport détaillé, et en proposerait l'exécution pour la plus petite frégate et le plus petit vaisseau; et si l'essai répondait ensuite aux avantages que la commission aurait présumés, toutes les frégates seraient construites sur les plans de la frégate essayée, et tous les vaisseaux sur ceux du vaisseau, suivant une échelle graduée d'après leurs dimensions.

En agissant ainsi, le Gouvernement serait désormais assuré d'avoir le meilleur système de construction navale ; et les vaisseaux de différens rangs auraient des qualités pareilles : ce qu'on a vainement cherché à établir jusqu'à ce jour.

Les vaisseaux de différens rangs auraient aussi une égale activité dans leurs manœuvres ; car l'égale activité des manœuvres pour virer vent devant, ou vent arrière, venir au vent, ou arriver, &c. &c. dépend de tout ce qui contribue aux qualités du bâtiment, ainsi que du nombre et de l'expérience des hommes employés à leur exécution : les qualités des vaisseaux étant pareilles, et le nombre et l'expérience des hommes pour leurs manœuvres étant en rapport avec la grandeur des vergues, voiles, cordages, poulies, &c. l'activité de la manœuvre sera incontestablement égale.

Elle sera de même égale dans le service de leur artillerie, puisque les dimensions, le poids des canons, des affûts, des cordages et des poulies, la hauteur des seuillets, la grandeur des sabords, et le nombre d'hommes affecté au service des canons, au commandement et à la surveillance des batteries, à la distribution et au passage des poudres, sont les mêmes. L'activité et la force seront plus grandes que dans les équipages actuels, en ce que nous mettons un homme à la place d'un mousse.

Nous avons établi des bases pour déterminer numériquement l'équipage, sur le pied de guerre, des batimens de différens rangs ; nous allons actuellement indiquer celles qui devraient fixer l'équipage de ces bâtimens, soit sur le pied de paix, soit armés en flûte, ainsi que les moyens de régler le nombre d'officiers de l'état-major, d'officiers mariniers, de matelots, de novices, de soldats, de mousses et de surnuméraires dont les équipages sur le pied de guerre, sur le pied de paix et en flûte, devraient être composés :

L'ÉQUIPAGE sur le pied de paix sera, selon l'usage, les deux tiers de celui sur le pied de guerre.

L'ÉQUIPAGE d'un bâtiment armé en flûte devrait être, numériquement, le double du nombre d'hommes nécessaire pour gouverner et serrer les trois huniers en même temps.

LE NOMBRE D'HOMMES de différentes classes, dans les équipages sur le pied de guerre, devrait être réglé comme ci-après :

L'état-major, les élèves compris, à raison

de 5 par batterie, en comptant celle des gaillards, et de 5 pour la manœuvre sur les vaisseaux, ou du 36.ᵐᶜ de l'équipage ;

de 4 par batterie, celle des gaillards comprise, et de 4 pour la manœuvre, sur les grandes frégates, ou du 25.ᵐᶜ de l'équipage ;

de 3 par batterie, en comptant celle des gaillards, et de 3 pour la manœuvre, sur les frégates de 12, ou du 25.ᵐᶜ de l'équipage.

Les officiers mariniers de manœuvre, à raison	du 6.me des hommes, pour serrer les trois huniers à-la-fois, ou du 45.me de l'équipage.

Les officiers mariniers de manœuvre, à raison ⟩ du 6.me des hommes, pour serrer les trois huniers à-la-fois, ou du 45.me de l'équipage.

Les officiers m.rs de canonnage, à raison ⟩ des $\frac{7}{12}$ du nombre des canons.

Les officiers m.rs de timonnerie, à raison ⟩ du 16.me des hommes, pour serrer les trois huniers à-la-fois, ou du 60.me de l'équipage.

Les officiers m.rs de charpentage, à raison ⟩ d'un par pont.

Les officiers m.rs de calfatage, à raison ⟩ d'un par pont.

Les officiers m.rs de voilerie, à raison ⟩ d'un par mille pieds carrés de surface de voilure.

Les matelots, à raison ⟩ du double, au moins, du nombre d'hommes, pour gouverner et serrer les trois huniers en même temps ; et au plus, afin d'être parfaitement armé en marins, du nombre qui, joint à celui indiqué de l'état-major, des officiers mariniers, des novices, des soldats, des mousses et des surnuméraires, compléterait l'équipage.

Les novices, à raison ⟩ du 10.me de l'équipage.

Les soldats, ... *idem.*

Les mousses, à raison ⟩ du 35.me *idem.*

| Les seconds ou aides-chirurgiens, | d'un par 100 hommes, jusqu'à 200 ; et au-dessus de ce nombre, d'un par 200 hommes. |

| Les commis du munitionnaire, à raison | d'un par *idem.* |

LA COMPOSITION DE L'ÉQUIPAGE, sur le pied de paix, devrait être les deux tiers, dans chaque classe, de celle du pied de guerre.

LA COMPOSITION DE L'ÉQUIPAGE des bâtimens armés en flûte, serait déterminée ainsi qu'il suit :

L'état-major, le 25.me de l'équipage ;

Les officiers mariniers de tout genre, le 12.me de l'équipage ;

Les matelots, le nombre qui, joint à celui indiqué de l'état-major, des officiers mariniers, des novices et soldats, des mousses et des surnuméraires, compléterait l'équipage ;

Les novices et les soldats, le 10.me de l'équipage ;

Les mousses, le 35.me de l'équipage ;

Les seconds ou aides-chirurgiens, un par 100 hommes, jusqu'à 200 ; et au-dessus de ce nombre, d'un par 200 hommes ;

Les commis du munitionnaire, *idem.*

(*Voyez* le tableau de composition d'équipage sur le pied de guerre, sur le pied de paix, et en flûte, et de répartition dans le combat, pour chaque rang de vaisseaux et de frégates.)

APERÇU DE L'ÉCONOMIE

Qui résulterait de la différence des dimensions et équipages des Vaisseaux actuels avec les dimensions et équipages des Vaisseaux que l'on propose.

	Par Vaisseau de 120 canons.	Par Vaisseau de 80 canons.	Par Vaisseau de 74 canons.	Par Frégate.
En bois de construction de toute espèce.	d'un 10.^{e}	d'un 12.^{e}	d'un 14.^{e}	d'un 18.^{e}
En chevilles de fer et de fonte, et en doublage en cuivre..............	d'un 10.^{e}	d'un 12.^{e}	d'un 14.^{e}	d'un 18.^{e}
En main-d'œuvre.................	d'un 10.^{e}	d'un 12.^{e}	d'un 14.^{e}	d'un 18.^{e}
En mâture....................	d'un 10.^{e}	d'un 13.^{e}	d'un 14.^{e}	d'un 16.^{e}
En voilure...................	d'un 18.^{e}	d'un 9.^{e}	d'un 14.^{e}	d'un 11.^{e}
En gréement..................	d'un 12.^{e}	d'un 8.^{e}	d'un 7.^{e}	d'un 9.^{e}
En cordages, voiles et toiles de rechange.	d'un 13.^{e}	d'un 9.^{e}	d'un 19.^{e}	d'un 17.^{e}
En lest de fer....................	de $\frac{1}{7}$.	de $\frac{2}{3}$.	de $\frac{1}{4}$.	de $\frac{2}{7}$.
En futailles....................	d'un 6.^{e}	d'un 6.^{e}	d'un 8.^{e}	d'un
En bois d'arrimage................	d'un 6.^{e}	d'un 7.^{e}	d'un 16.^{e}	d'un
En hommes. { Équipage sur le pied de guerre.	d'un 6.^{e}	d'un 6.^{e}	d'un 8.^{e}	d'un 6.^{e}
{ Équipage sur le pied de paix..	d'un 5.^{e}	d'un 5.^{e}	d'un 6.^{e}	d'un 5.^{e}
En vivres. { Équipage sur le pied de guerre.	d'un 6.^{e}	d'un 6.^{e}	d'un 8.^{e}	d'un 6.^{e}
{ Équipage sur le pied de paix..	d'un 5.^{e}	d'un 5.^{e}	d'un 6.^{e}	d'un 5.^{e}
En solde. { Équipage sur le pied de guerre.	d'un 6.^{e}	d'un 6.^{e}	d'un 8.^{e}	d'un 6.^{e}
{ Équipage sur le pied de paix..	d'un 5.^{e}	d'un 5.^{e}	d'un 6.^{e}	d'un 5.^{e}

Par approximation, l'économie serait d'un huitième environ sur tout ce qui constitue l'armée navale.

VAISSEAU de 120 canons, portant 32 canons de 36 à la 1.re batterie,
sur les gaillards, et 6

COMPOSITION DE L'ÉQUIPAGE..	D'après LE RÉGLEMENT de 1786.		D'après celui que l'on propose.		
	En guerre.	En paix.	En guerre.	En paix.	En flûte.
État-major — Capitaine............	1.	1.	1.	1.	1.
Capitaine de frégate....	1.	1.	"	"	"
Lieutenans de vaisseau..	7.	7.	6.	4.	3.
Enseignes de vaisseau...	6.	6.	6.	3.	2.
Officiers de la garnison..	3.	"	2.	"	"
Officier de santé en chef.	1.	1.	1.	1.	"
Agent comptable......	1.	1.	1.	1.	1.
Élèves ou Volontaires...	9.	9.	8.	6.	2.
TOTAL de l'État-major.....	29.	26.	25.	16.	9.
Officiers marin.^s de manœuvre. — Maîtres de manœuvre...	2.	2.	1.	1.	"
Seconds de manœuvre..	3.	2.	5.	3.	1.
Contre-maîtres........	4.	4.	"	"	"
Quartiers-maîtres......	24.	16.	13.	9.	5.
Officiers marin.^s de canonnage. — Maîtres de canonnage...	4.	4.	1.	1.	"
Seconds de canonnage..	7.	7.	8.	4.	1.
Aides de canonnage....	67.	110.	60.	40.	4.
Armuriers............	2.	2.	1.	1.	"
Officiers marin.^s de timonnerie. — Maîtres de timonnerie..	2.	1.	1.	1.	"
Seconds de timonnerie..	2.	2.	1.	1.	1.
Aides et Pilote-côtier...	8.	5.	5.	2.	1.
Officiers marin.^s de charpentage. — Maîtres de charpentage.	1.	1.	1.	1.	"
Seconds de charpentage.	2.	2.	1.	1.	1.
Aides de charpentage...	6.	4.	3.	2.	1.
Officiers marin.^s de calfatage. — Maîtres de calfatage....	1.	1.	1.	1.	"
Seconds de calfatage....	2.	2.	1.	1.	1.
Aides de calfatage......	6.	4.	3.	2.	1.
	143.	169.	106.	71.	17.

34 de 24 à la 2.ᵉ batterie, 34 de 12 à la 3.ᵉ batterie, 20 canons de 8 caronades de 36 sur la dunette.

COMPOSITION DE L'ÉQUIPAGE..	D'après LE RÉGLEMENT de 1786.		D'après celui que l'on propose.		
	En guerre.	En paix.	En guerre.	En paix.	En flûte.
Report.....................	143.	169.	106.	71.	17.
Officiers marin. de voilerie. — Maîtres de voilerie.....	1.	1.	1.	"	"
Seconds de voilerie.....	1.	1.	1.	1.	1.
Aides de voilerie......	3.	2.	2.	2.	1.
TOTAL des Officiers mariniers..	148.	173.	110.	74.	19.
Matelots......................	491.	357.	570.	380.	178.
Novices *......................	160.	117.	93.	62.	12.
Soldats de la garnison ᵇ...............	180.	"	92.	62.	12.
Mousses *......................	80.	80.	25.	16.	6.
Surnuméraires . — Chirurgiens........	7.	5.	5.	3.	2.
Commis du Munitionn.ᶜ	12.	9.	5.	4.	2.
Domestiques..........	17.	14.	"	"	"
TOTAL de l'Équipage........	1124.	781.	925.	617.	240.

DIFFÉRENCES.
De 199 hommes sur le pied de guerre, dont 26 surnuméraires, 55 mousses, 38 Officiers mariniers, 4 Officiers de l'État-major, et le reste en novices et soldats ; conséquemment cette différence porte sur des hommes qui ne composent pas essentiellement la force de l'équipage.

De 164 hommes sur le pied de paix, dont 21 surnuméraires, 64 mousses, 37 Officiers mariniers, 10 Officiers de l'Etat-major, et le reste en novices.

* L'âge des novices ne devrait pas excéder 25 ans, et leur taille ne point être au-dessous de 5 pieds 3 pouces. La conscription rend le choix facile.

ᵇ La taille des soldats, la même que celle indiquée pour les novices.

* Les mousses, pour être réellement utiles, devraient être âgés de 12 à 16 ans. À la solde près, un mousse exige la même dépense qu'un matelot.

VAISSEAU de 120 canons, portant 32 canons de 36 à la 1.re batterie,
sur les gaillards, et 6

RÉPARTITION POUR LE COMBAT...	De L'ÉQUIPAGE, d'après le Réglement de 1786.	De L'ÉQUIPAGE, d'après celui que l'on propose.
Manœuvre — Officiers	8.	5.
Officiers mariniers et matelots	123.	115.
Hunes — Matelots et soldats	35.	12.
Première batterie — Officiers	5.	6.
Maîtres ou seconds pour surveiller	3.	3.
Service de 16 canons de 36 à 15 hommes par canon	240.	240.
Pour garder les écoutilles	4.	4.
Pour la distribution des poudres dans la batterie	6.	5.
Pour passer les gardes-feux à la 2.e batterie	4.	4.
Pour secourir les blessés	7.	5.
Deuxième batterie — Officiers	5.	5.
Maîtres ou seconds pour surveiller	3.	3.
Service de 17 canons de 24 à 12 hommes par canon	204.	204.
Pour la distribution des poudres	6.	4.
Pour passer les gardes-feux à la 3.e batterie	4.	4.
Pour secourir les blessés	7.	4.
	664.	623.

(29)

*34 de 24 à la 2.ᵉ batterie, 34 de 12 à la 3.ᵉ batterie, 20 canons de 8
caronades de 36 sur la dunette.*

RÉPARTITION POUR LE COMBAT....	De L'ÉQUIPAGE, d'après le Réglement de 1786.	De L'ÉQUIPAGE, d'après celui que l'on propose.
Report..........................	664.	623.
Troisième batterie. — Officiers.....................	5.	3.
Maîtres ou seconds pour surveiller.........	3.	2.
Service de 17 canons de 12...............	153.	119.
Pour la distribution des poudres..........	4.	4.
Pour passer les gardes-feux aux gaillards.....	2.	2.
Pour secourir les blessés.................	6.	3.
Gaillards. — Officier.....................	1.	1.
Second maître pour surveiller.............	1.	1.
Service de 10 canons de 8...............	60.	50.
Pour la distribution des gargousses.........	2.	2.
Dunette. — Officier.....................	1.	1.
Service de 3 caronades.................	16.	10.
Mousqueterie. — Officiers.................	2.	1.
Soldats..................................	78.	30.
A la soute aux poudres et au faux-pont, pour la distribution des poudres de l'arrière...........................	24.	25.
Aux caissons à gargousses et au faux-pont, pour la distribution des poudres de l'avant.............................	20.	20.
Au faux-pont, pour le pansement des blessés...............	29.	17.
Aux galeries, à l'archipompe et aux pompes..................	23.	11.
Corps de réserve.................................	30.	"
TOTAL.........................	1124.	925.

VAISSEAU de 120 canons, portant 32 canons de 36 à la 1.re batterie,
sur les gaillards, et 6

ARTICLES de la charge...	POIDS, par articles, des objets composant la charge du Vaisseau sur les dimensions		Differences.
	actuelles.	que l'on propose.	
	Longueur[a] .. 194^{pi} o^{po} o^l	Longueur[a] 189^{pi} o^{po} o^l	5^{pi} o^{po} o^l
	Largeur[b] ... 50. 0. 0.	Largeur[b] .. 48. 10. 6.	1. 1. 6.
	Creux..... 25. 0. 0.	Creux. ... 24. 3. 0.	0. 9. 0.
	Déplacement à 5 pieds de batterie.... 5140^{ton}	Déplacement à 5 pieds de batterie.... 4045^{ton}	1095^{ton}
	Tirant d'eau moy. 23^{pi} 9^{po}	Tirant d'eau moy. 23^{pi} o^{po}	o^{pi} 9^{po} o^l
	Hauteur d'œuvre-morte[c]....... 30. 8.	Haut.' d'œuv. mort. sans dunette.... 26 8.	4. 0. 0.
	Surf. de la voilure[d] 47000^{pp}	Surf. de la voilure[d] 44408^{pp}	2592^{pp}
	Le vaiss. armé en guerre avec 1124^{ho} d'équipage, 7 mois de vivres et 4 mois d'eau.	Le vaiss. armé en guerre avec 925^{ho} d'équipage, 7 mois de vivres et 4 mois d'eau.	199^{ho}

OBJETS INAMOVIBLES.

	Tonneaux.	Livres.	Tonneaux.	Livres.	ton	liv
Mâture en place et mâture de rechange............	96.	600.	87.	300.	9.	300.
Gréement..............	50.	"	46.	"	4.	0.
Embarcations...........	12.	1000.	10.	"	0.	1000.
État-major et équipage avec les effets..............	147.	1800.	121.	1360.	26.	440.
Artillerie, canons et équipem.'	394.	"	394.	"	"	"
ARTICLES { du Maître de manœuvre.	33.	1500.	31.	"	2.	1500.
du Maître voilier	10.	"	9.	500.	0.	1500.
du Maître canonnier...	131.	1700.	131.	1700.	"	"
du Maître de timonnerie et de l'armurier.	1.	1000.	1.	500.	0.	500.
du Maître charpentier..	12.	"	11.	500.	1.	0.
du Maître calfat	11.	"	10.	"	1.	0.
du Boulanger........	10.	1000.	10.	"	0.	1000.
TOTAL........	909.	600.	863.	360.	46.	240.

[a] A la ligne du pont, de rablure en rablure.
[b] En dehors des membres.
[c] La hauteur d'œuvre-morte a été prise de la ligne de flottaison au pont de la dunette, à l'extrémité arrière.
[d] Au plus près du vent à toutes voiles.

34 de 24 à la 2.ᵉ batterie, 34 de 12 à la 3.ᵉ batterie, 20 canons de 8 caronades de 36 sur la dunette.

	Tonneaux.	Livres.	Tonneaux.	Livres.	Differences.	
					ton	liv
OBJETS INCONSOMMABLES.						
Lest de fer [a]	400.	"	225.	"	175.	0.
Eau [f]	337.	"	277.	1000.	59.	1000.
Vin [f]	184.	500.	150.	1000.	33.	1500.
Futailles.	106.	1400.	87.	1300.	19.	100.
Bois d'arrimage.	27.	"	22.	500.	4.	1500.
ARTICLES { du Maître de manœuvre.	67.	1000.	62.	1200.	4.	1800.
du Maître voilier.	8.	1500.	8.	"	0	1500.
du Maître canonnier. . .	21.	"	21.	"	"	"
du Capitaine d'armes . .	5.	1500.	5.	500.	0.	1000.
du Maître de timonn.ᵉ .	1.	1000.	1.	800.	0.	200.
du Maître calfat.	2.	"	2.	"	"	"
du Maître charpentier. .	14.	"	12.	"	2.	0.
du Chirurgien	3.	1500.	3.	1000.	0.	500.
Eau-de-vie, vinaigre, sel [g] . .	12.	800.	10.	500.	2.	300.
TOTAL.	1191.	1200.	888.	1800.	302.	1400.
OBJETS CONSOMMABLES.						
Vivres. { Excepté le vin, l'eau-de-vie, le vinaigre, le sel et le bois. . .	270.	1400.	221.	100.	49.	1300.
Bois à brûler, pour 4 mois . . .	117.	500.	"	"	89.	500.
Charbon de terre, pour 7 mois.	"	"	28.	"		
Provisions de table.	16.	"	13.	500.	2.	1500.
ARTICLES { du Maître de manœuvre.	"	1650.	"	1500.	0.	150.
du Maître de timonn.ᵉ .	"	350.	"	300.	0.	50.
du Maître canonnier. . .	"	390.	"	320.	0.	70.
du Maître calfat.	"	1280.	"	1100.	0.	180.
TOTAL.	405.	1570.	263.	1820.	141.	1750.
RÉCAPITULATION.						
OBJETS { inamovibles.	909.	600.	863.	360.	46.	240.
inconsommables.	1191.	1200.	888.	1800.	302.	1400.
consommables.	405.	1570.	263.	1820.	141.	1750.
TOTAL DE LA CHARGE.	2506.	1370.	2015.	1980.	490.	1390.

[a] Le lest, d'après une ordon.ᶜᵉ, est tout en fer, comme plus favorable aux qualités du navire et plus salubre.

[f] L'eau est réglée à raison d'une barrique par jour pour 100 hommes. — Pour le poids, l'eau et le vin sont considérés inconsommables, se remplaçant par l'eau de mer.

[g] L'eau-de-vie, le vinaigre et le sel sont également considérés inconsommables, attendu qu'on en remplace le poids par l'eau de mer.

Le poids de la coque, en général, est à-peu-près la moitié de celui du déplacement d'eau.

VAISSEAU de 80 canons, portant 30 canons de 36 à la 1.re batterie,
et 6 caronades de

COMPOSITION DE L'ÉQUIPAGE..	D'après LE RÉGLEMENT de 1786.		D'après celui que l'on propose.		
	En guerre.	En paix.	En guerre.	En paix.	En flûte.
État-major — Capitaine............	1.	1.	1.	1.	"
Capitaine de frégate....	1.	1.	"	"	"
Lieutenans de vaisseau..	5.	5.	5.	4.	3.
Enseignes de vaisseau....	5.	5.	4.	3.	2.
Officiers de la garnison..	2.	"	2.	"	"
Officier de santé en chef.	1.	1.	1.	1.	"
Agent comptable.......	1.	1.	1.	1.	1.
Élèves ou Volontaires...	7.	7.	6.	4.	2.
TOTAL de l'État-major........	23.	21.	20.	14.	8.
Officiers marin. de manœuvre. — Maîtres de manœuvre..	2.	0.	1.	1.	"
Seconds de manœuvre..	2.	2.	4.	2.	1.
Contre-maîtres........	3.	3.	"	"	"
Quartiers-maîtres.....	18.	12.	11.	8.	4.
Officiers marin. de canonnage. — Maîtres de canonnage...	3.	3.	1.	1.	"
Seconds de canonnage..	5.	5.	6.	3.	1.
Aides de canonnage....	45.	85.	40.	27.	3.
Armuriers..........	2.	2.	1.	1.	"
Officiers marin. de timonnerie. — Maîtres de timonnerie..	1.	1.	1.	1.	"
Seconds de timonnerie..	2.	2.	1.	1.	1.
Aides et Pilote-côtier..	6.	4.	4.	2.	1.
	89.	120.	70.	47.	11.

(33)

32 canons de 24 à la 2.ᵉ batterie, 18 canons de 12 sur les gaillards, 36 sur la dunette.

COMPOSITION DE L'ÉQUIPAGE.. {		D'après LE RÉGLEMENT de 1786.		D'après celui que l'on propose.		
		En guerre.	En paix.	En guerre.	En paix.	En flûte.
	Report.............	89.	120.	70.	47.	11.
Officiers marin.ˢ de charpentage.	Maîtres de charpentage.	1.	1.	1.	//	//
	Seconds de charpentage.	2.	1.	1.	1.	1.
	Aides de charpentage...	3.	3.	2.	2.	1.
Officiers marin.ˢ de calfatage.	Maîtres de calfatage....	1.	1.	1.	//	//
	Seconds de calfatage....	2.	1.	1.	1.	1.
	Aides de calfatage......	3.	3.	2.	2.	1.
Officiers marin.ˢ de voilerie.	Maîtres de voilerie.....	1.	1.	1.	//	//
	Seconds de voilerie....	1.	1.	1.	1.	//
	Aides de voilerie......	2.	1.	2.	1.	1.
TOTAL des Officiers-mariniers...		105.	133.	82.	55.	16.
Matelots.........................		385.	270.	450.	298.	147.
Novices...........................		125.	88.	73.	49.	10.
Soldats de la garnison.............		130.	//	72.	49.	10.
Mousses.........................		60.	60.	20.	13.	5.
Surnuméraires. {	Chirurgiens..........	5.	4.	4.	3.	2.
	Commis du Munitionn.ʳᵉ	9.	8.	4.	3.	2.
	Domestiques..........	13.	11.	//	//	//
TOTAL de l'Équipage.........		855.	595.	725.	484.	200.

DIFFÉRENCES. { De 130 hommes sur le pied de guerre, dont 21 surnuméraires, 40 mousses, 23 Officiers mariniers, 3 Officiers de l'état-major, et le reste en novices et soldats.

De 111 hommes sur le pied de paix, dont 17 surnuméraires, 47 mousses, 29 Officiers mariniers, 7 Officiers de l'État-major, et le reste en novices.

C

VAISSEAU de 80 canons, portant 30 canons de 36 à la 1.re batterie,
et 6 caronades de

RÉPARTITION POUR LE COMBAT.....	De L'ÉQUIPAGE, d'après le Réglement de 1786.	De L'ÉQUIPAGE, d'après celui que l'on propose.
Manœuvre....... { Officiers...............................	8.	5.
Officiers-mariniers et matelots............	104.	95.
Hunes......... Matelots et soldats......................	31.	10.
Première batterie. { Officiers...............................	5.	5.
Maîtres ou seconds pour surveiller.........	3.	3.
Service de 15 canons de 36, à 15 hommes par canon..............................	225.	225.
Pour garder les écoutilles................	4.	4.
Pour la distribution des poudres dans la batterie.	4.	4.
Pour passer les gardes-feux à la 2.e batterie..	4.	4.
Pour secourir les blessés................	6.	4.
Deuxième batterie. { Officiers...............................	5.	5.
Maîtres ou seconds pour surveiller.........	3.	3.
Service de 16 canons de 24, à 12 hommes par canon..............................	192.	192.
Pour la distribution des poudres..........	4.	4.
Pour passer les gardes-feux aux gaillards.....	2.	3.
Pour secourir les blessés................	6.	4.
	606.	570.

32 canons de 24 à la 2.e batterie, 18 canons de 12 sur les gaillards, 36 sur la dunette.

RÉPARTITION POUR LE COMBAT.....	De L'ÉQUIPAGE, d'après le Réglement de 1786.	De L'ÉQUIPAGE, d'après celui que l'on propose.
Report.........................		570.
Gaillards........ { Officier............................		1.
Second maître pour surveiller,...........		1.
Service de 9 canons de 12,..............	81.	63.
Pour la distribution des gargousses........	2.	2.
Dunette........ { Officier............................	1.	1.
Service de trois caronades,..............	16.	10.
Mousqueterie.... { Officier............................	1.	1.
Soldats............................	52.	24.
A la soute aux poudres et au faux-pont, pour la distribution des poudres de l'arrière................................	21.	18.
Aux caissons à gargousses et au faux-pont, pour la distribution des poudres de l'avant............................	15.	12.
Au faux-pont, pour le pansement des blessés..............	24.	13.
Aux galeries, à l'archipompe et aux pompes................	16.	9.
Corps de réserve............................	18.	"
TOTAL......................	855.	725.

VAISSEAU de 80 canons, portant 30 canons de 36 à la 1.re batterie,
et 6 caronades de

ARTICLES de ………	POIDS, par articles, des objets composant la charge du Vaisseau sur les dimensions				Différences.
	actuelles.		que l'on propose.		
	Longueur. … 182^{pi} 0^{po}		Longueur. … 175^{pi} 0^{po}		7^{pi} 0^{po}
	Largeur … 47. 0.		Largeur … 45. 4.		1. 8.
	Creux … 23. 0.		Creux … 22. 6.		0. 6.
	Déplacement à 5 pieds 6^{po} de batterie. 3868^{ton}		Déplacement à 5 pieds 4^{po} de batterie. 3223^{ton}		645^{ton}
	Tirant d'eau moy. 21^{pi} 9^{po}		Tirant d'eau moy. 21^{pi} 1^{po}		0^{pi} 8^{po}
	Hauteur d'œuvre-morte … 24. 2.		Hauteur d'œuvre-morte … 24. 4.		0. 2.
	Surf. de la voilure 41100^{pp}		Surf. de la voilure 36687^{pp}		4413^{pp}
	Le vaiss. armé en guerre avec 855^{ho} d'équipage, 7 mois de vivres et 4 mois d'eau.		Le vaiss. armé en guerre avec 725^{ho} d'équipage, 7 mois de vivres et 4 mois d'eau.		130^{ho}

OBJETS INAMOVIBLES.

ARTICLES	Tonneaux.	Livres.	Tonneaux.	Livres.	ton	liv
Mâture en place et mâture de rechange…………	78.	"	72.	1000.	5.	1000.
Gréement…………	42.	"	37.	"	5.	"
Embarcations…………	8.	"	7.	1500.	"	500.
État-major et équipage, avec les effets…………	112.	460.	95.	"	17.	460.
Artillerie, canons et équipem.'	316.	"	316.	"	"	"
du Maître de manœuvre.	29.	400.	25.	1200.	3.	1200.
du Maître voilier……	8.	600.	7.	1600.	"	1000.
du Maître canonnier…	104.	1300.	104.	1300.	"	"
du Maître de timonnerie et de l'armurier……	1.	200.	1.	200.	"	"
du Maître charpentier..	10.	"	9.	1400.	"	600.
du Maître calfat…….	9.	1000.	9.	500.	"	500.
du Boulanger ………	9.	"	8.	1000.	"	1000.
TOTAL………	727.	1960.	694.	1700.	33.	260.

*32 canons de 24 à la 2.ᵉ batterie, 18 canons de 12 sur les gaillards,
36 sur la dunette.*

	Tonneaux.	Livres.	Tonneaux.	Livres.	Différences.	
					ton	liv
OBJETS INCONSOMMABLES.						
Lest de fer...............	300.	"	180.	"	120.	"
Eau.....................	256.	"	217.	"	39.	"
Vin.....................	139.	100.	118.	"	21.	100.
Futailles...............	81.	"	68.	500.	12.	1500.
Bois d'arrimage...........	20.	1000.	57.	1200.	2.	1800.
ARTICLES du Maître de manœuvre.	58.	800.	51.	400.	7.	400.
du Maître voilier	6.	440.	5.	1500.	"	940.
du Maître canonnier ...	16.	100.	16.	100.	"	"
du Capitaine d'armes...	3.	1750.	3.	1500.	"	250.
du Maître de timonn.ᶦᵉ.	1.	"	1.	"	"	"
du Maître calfat........	1.	1200.	1.	1200.	"	"
du Maître charpentier..	10.	600.	10.	"	"	600.
du Chirurgien........	2.	1700.	2.	900.	"	800.
Eau-de-vie, vinaigre, sel..	9.	830.	7.	1940.	1.	890.
TOTAL.........	906.	520.	700.	1240.	205.	1280.
OBJETS CONSOMMABLES.						
Vivres. Excepté le vin, l'eau-de-vie, le vinaigre, le sel et le bois...	204.	1200.	173.	"	31.	1200.
Bois à brûler, pour 4 mois..	89.	560.	"	"	67.	560.
Charbon de terre, p' 7 mois.	"	"	22.	"		
Provisions de table.......	12.	1500.	11.	500.	1.	1000.
ARTICLES du Maître de manœuvre.	"	1400.	"	1300.	"	100.
du Maître de timonn.ᶦᵉ.	"	250.	"	250.	"	"
du Maître canonnier...	"	300.	"	300.	"	"
du Maître calfat	"	920.	"	880.	"	40.
TOTAL.........	308.	130.	207.	1230.	100.	900.
RÉCAPITULATION.						
OBJETS inamovibles..........	727.	1960.	694.	1700.	33.	260.
inconsommables......	906.	520.	700.	1240.	205.	1280.
consommables.......	308.	130.	207.	1230.	100.	900.
TOTAL DE LA CHARGE.	1942.	610.	1603.	170.	339.	440.

C 3

VAISSEAU de 74 canons, portant 28 canons de 36 à la 1.ʳᵉ batterie,
6 caronades de

COMPOSITION DE L'ÉQUIPAGE..	D'après LE RÉGLEMENT de 1786.		D'après celui que l'on propose.		
	En guerre.	En paix.	En guerre.	En paix.	En flûte.
État-major — Capitaine...........	1.	1.	1.	1.	"
Capitaine de frégate....	1.	1.	"	"	"
Lieutenans de vaisseau..	5.	5.	5.	3.	3.
Enseignes de vaisseau...	5.	5.	4.	3.	2.
Officiers de la garnison.	2.	"	1.	"	"
Officier de santé en chef.	1.	1.	1.	1.	"
Agent comptable........	1.	1.	1.	1.	1.
Élèves ou Volontaires..	7.	7.	5.	3.	1.
TOTAL de l'État-major.......	23.	21.	18.	12.	7.
Officiers marin.ˢ de manœuvre. — Maîtres de manœuvre..	2.	1.	1.	1.	"
Seconds de manœuvre..	2.	2.	3.	2.	1.
Contre-maîtres........	3.	3.	"	"	"
Quartiers-maîtres......	16.	10.	10.	6.	4
Officiers marin.ˢ de canonnage. — Maîtres de canonnage...	3.	3.	1.	1.	"
Seconds de canonnage..	5.	5.	4.	2.	1.
Aides de canonnage....	42.	66.	37.	24.	2.
Armuriers...........	2.	2.	1.	1.	"
Officiers marin.ˢ de timonnerie. — Maître de timonnerie...	1.	1.	1.	1.	"
Seconds de timonnerie..	2.	2.	1.	1.	1.
Aides et Pilote-cotier..	5.	3.	4.	2.	1.
Officiers marin.ˢ de charpentage. — Maître de charpentage..	1.	1.	1.	"	"
Seconds de charpentage.	1.	1.	1.	1.	1.
Aides de charpentage...	3.	2.	2.	2.	1.
	83.	102.	67.	44.	12.

30 canons de 18 à la 2.ᵉ batterie, 16 canons de 8 sur les gaillards, et 36 sur la dunette.

COMPOSITION DE L'ÉQUIPAGE..	D'après LE RÉGLEMENT de 1786.		D'après celui que l'on propose.		
	En guerre.	En paix.	En guerre.	En paix.	En flûte.
Report.............	88.	102.	67.	44.	12.
Officiers marin.' de calfatage. — Maître de calfatage.....	1.	1.	1.	"	"
Officiers marin.' de calfatage. — Second de calfatage....	1.	1.	1.	1.	1.
Officiers marin.' de calfatage. — Aides de calfatage......	3.	2.	2.	2.	1.
Officiers marin.' de voilerie. — Maître de voilerie.....	1.	1.	"	"	"
Officiers marin.' de voilerie. — Second de voilerie.....	1.	1.	1.	1.	"
Officiers marin.' de voilerie. — Aides de voilerie......	2.	1.	2.	1.	1.
TOTAL des Officiers mariniers...	97.	109.	74.	49.	15.
Matelots......................	309.	221.	378.	253.	135.
Novices.......................	101.	72.	62.	41.	9.
Soldats de la garnison	100.	"	62.	41.	9.
Mousses.......................	50.	50.	18.	12.	5.
Surnuméraires. — Chirurgiens..........	5.	4.	4.	3.	2.
Surnuméraires. — Commis du Munitionn.''	8.	8.	4.	3.	2.
Surnuméraires. — Domestiques..........	13.	11.	"	"	"
TOTAL de l'Équipage..........	706.	496.	620.	414.	184.

DIFFÉRENCES.	
	De 86 hommes sur le pied de guerre, dont 18 surnuméraires, 32 mousses, 23 Officiers mariniers, 5 Officiers de l'État-major, et le reste en novices et soldats.
	De 82 hommes sur le pied de paix, dont 17 surnuméraires, 38 mousses, 18 Officiers mariniers et 9 Officiers de l'État-major.

C

VAISSEAU de 74 canons, portant 28 canons de 36 à la 1.re batterie,
et 6 caronades de

RÉPARTITION POUR LE COMBAT.....	De L'ÉQUIPAGE, d'après le Réglement de 1786.	De L'ÉQUIPAGE, d'après celui que l'on propose.
Manœuvre....... Officiers........................	8.	5.
Officiers-mariniers et matelots............	87.	87.
Hunes......... Matelots et soldats..................	28.	9.
Première batterie.. Officiers....................	5.	5.
Maîtres ou seconds pour surveiller........	3.	3.
Service de 14 canons de 36, à 15 hommes par canon....................	210.	210.
Pour garder les écoutilles..............	4.	4.
Pour la distribution des poudres dans la batterie....................	4.	4.
Pour passer les gardes-feux à la seconde batterie....................	2.	2.
Pour secourir les blessés..............	5.	4.
Deuxième batterie.. Officiers....................	5.	4.
Maîtres ou seconds pour surveiller........	3.	2.
Service de 15 canons de 18, à 10 hommes par canon....................	150.	150.
Pour la distribution des poudres..........	4.	4.
Pour passer les gardes-feux aux gaillards.....	2.	2.
Pour secourir les blessés..............	5.	4.
	525.	499.

*30 canons de 18 à la 2.ᵉ batterie, 16 canons de 8 sur les gaillards,
36 sur la dunette.*

RÉPARTITION POUR LE COMBAT.....	De L'ÉQUIPAGE, d'après le Réglement de 1786.	De L'ÉQUIPAGE, d'après celui que l'on propose.
Report..........................	525.	499.
Gaillards....... { Officier...............................	1.	1.
Second maître pour surveiller.............	1.	1.
Service de 8 canons de 8.................	48.	40.
Pour la distribution des gargousses........	2.	2.
Dunette........ { Officier...............................	1.	1.
Service de 3 caronades..................	12.	9.
Mousqueterie .... { Officier...............................	1.	"
Soldats...............................	38.	21.
A la soute aux poudres et au faux-pont, pour la distribution des poudres de l'arrière...........................	18.	17.
Anx caissons à gargousses et au faux-pont, pour la distribution des poudres de l'avant...............................	12.	11.
Au faux-pont, pour le pansement des blessés.................	21.	11.
Aux galeries, à l'archipompe et aux pompes.................	14.	7.
Corps de réserve..............................	12.	"
TOTAL...............................	706.	620.

VAISSEAU de 74 canons, portant 28 canons de 36 à la 1.re batterie,
6 caronades de

	Poids, par articles, des objets composant la charge du Vaisseau sur les dimensions				Différences.
	actuelles.		que l'on propose.		
ARTICLES de la charge....	Longueur.... 172^{pi} 0^{po}		Longueur.... 166^{pi} 0^{po}		6^{pi} 0^{po}
	Largeur..... 44. 6.		Largeur..... 43. 0.		1. 6.
	Creux...... 22. 0.		Creux...... 21. 4.		0. 8.
	Déplacement à 5 pieds 4^{po} de batterie. 3010^{ton}		Déplacement à 5 pieds de batterie.... 2750^{ton}		260^{ton}
	Tirant d'eau moy. 20^{pi} 9^{po}		Tirant d'eau moy. 20^{pi} 1^{po}		0^{pi} 8^{po}
	Hauteur d'œuvre-morte........ 24. 2.		Hauteur d'œuvre-morte........ 23. 5.		0. 9.
	Surf. de la voilure 34500^{pp}		Surf. de la voilure 32160^{pp}		2340^{pp}
	Le vaiss. armé en guerre avec 706^{ho} d'équipage, 7 mois de vivres et 4 mois d'eau.		Le vaiss. armé en guerre avec 620^{ho} d'équipage, 7 mois de vivres et 4 mois d'eau.		86^{ho}

ARTICLES	Tonneaux.	Livres.	Tonneaux.	Livres.	ton	liv
OBJETS INAMOVIBLES.						
Mâture en place et mâture de rechange..........	67.	500.	62.	500.	5.	"
Gréement.............	32.	500.	28.	"	4.	500.
Embarcations..........	7.	"	6.	1500.	"	500.
État-major et équipage, avec les effets.........	92.	1600.	82.	"	10.	1600.
Artillerie, canons et équipem.'	265.	612.	265.	612.	"	"
du Maître de manœuvre.	22.	432.	20.	1500.	1.	932.
du Maître voilier......	7.	709.	6.	1500.	"	1209.
du Maître canonnier...	77.	863.	77.	863.	"	"
du Maître de timonnerie et de l'armurier......	1.	"	"	1800.	"	200.
du Maître charpentier..	8.	686.	8.	"	"	686.
du Maître calfat.......	8.	857.	8.	300.	"	557.
du Boulanger........	8.	"	7.	1000.	"	1000.
TOTAL.........	597.	759.	573.	1575.	23.	1184.

30 canons de 18 à la 2.ᵉ batterie, 16 canons de 8 sur les gaillards, et 36 sur la dunette.

	Tonneaux.	Livres.	Tonneaux.	Livres.	Différences.	
					ton	liv
OBJETS INCONSOMMABLES.						
Lest de fer............	200.	"	153.	"	47.	"
Eau...............	213.	"	186.	"	27.	"
Vin...............	115.	"	103.	"	12.	"
Futailles............	67.	500.	59.	300.	8.	200.
Bois d'arrimage.........	17.	"	16.	"	1.	"
ARTICLES — du Maître de manœuvre.	44.	600.	43.	"	1.	600.
du Maître voilier......	5.	"	4.	1500.	"	500.
du Maître canonnier...	12.	1574.	12.	1574.	"	"
du Capitaine d'armes..	3.	158.	3.	158.	"	"
du Maître de timonn.ᵉ	"	1525.	"	1525.	"	"
du Maître calfat......	1.	623.	1.	600.	"	23.
du Maître charpentier..	8.	1535.	8.	1000.	"	535.
du Chirurgien.......	2.	600.	2.	400.	"	200.
Eau-de-vie, vinaigre, sel..	7.	1570.	7.	"	"	1570.
TOTAL.........	698.	685.	600.	1057.	97.	1628.
OBJETS CONSOMMABLES.						
Vivres. { Excepté le vin, l'eau-de-vie, le vinaigre, le sel et le bois..?	163.	1500.	152.	"	16.	1500.
Bois à brûler, pour 4 mois.	70.	"	"	"	51.	"
Charbon de terre, pʳ 7 mois.	"	"	19.	"		
Provisions de table........	12.	1500.	11.	300.	1.	1200.
ARTICLES — du Maître de manœuvre.	"	1146.	"	1146.	"	"
du Maître de timonn.ᵉ.	"	187.	"	187.	"	"
du Maître canonnier...	"	248.	"	248.	"	"
du Maître calfat......	"	670.	"	670.	"	"
TOTAL.........	252.	1251.	183.	551.	69.	700.
RÉCAPITULATION.						
OBJETS { inamovibles.........	597.	759.	573.	1575.	23.	1184.
inconsommables......	698.	685.	600.	1057.	97.	1628.
consommables.......	252.	1251.	183.	551.	69.	700.
TOTAL DE LA CHARGE..	1548.	695.	1357.	1183.	190.	1512.

FRÉGATE de 40 canons, portant 28 canons de 18 à la batterie, gaillard

COMPOSITION DE L'ÉQUIPAGE.	D'après LE RÉGLEMENT de 1786.		D'après celui que l'on propose.		
	En guerre.	En paix.	En guerre.	En paix.	En flûte.
État-major. — Capitaine	1.	1.	1.	1.	"
Capitaine de frégate	"	1.	"	"	"
Lieutenans de vaisseau	3.	2.	3.	2.	1.
Enseignes de vaisseau	3.	3.	2.	2.	2.
Officier de la garnison	1.	"	"	"	"
Officier de santé en chef	1.	1.	1.	"	"
Agent comptable	1.	1.	1.	1.	"
Élèves ou Volontaires	4.	4.	3.	2.	1.
TOTAL de l'État-major	14.	13.	11.	8.	4.
Officiers marin.' de manœuvre. — Maître de manœuvre	1.	1.	1.	1.	"
Seconds de manœuvre	2.	1.	1.	1.	"
Contre-maîtres	2.	2.	"	"	"
Quartiers-maîtres	9.	7.	6.	4.	2.
Officiers marin.' de canonnage. — Maître de canonnage	1.	1.	1.	1.	"
Seconds de canonnage	4.	3.	2.	1.	"
Aides de canonnage	24.	34.	20.	13.	1.
Armurier	1.	1.	1.	1.	"
Officiers marin.' de timonnerie. — Maître de timonnerie	1.	1.	"	"	"
Second de timonnerie	1.	1.	1.	1.	"
Aides et Pilote-côtier	4.	3.	3.	2.	2.
Officiers marin.' de charpentage. — Maître de charpentage	1.	1.	"	"	"
Second de charpentage	1.	1.	1.	1.	"
Aides de charpentage	2.	1.	2.	1.	1.
	54.	58.	39.	27.	6.

2 canons de 8 sur les gaillards, et 4 caronades de 24 sur le
l'arrière.

COMPOSITION DE L'ÉQUIPAGE.	D'après LE RÉGLEMENT de 1786.		D'après celui que l'on propose.		
	En guerre.	En paix.	En guerre.	En paix.	En flûte.
Report.............	54.	58.	39.	27.	6.
Officiers marin.' de calfatage. — Maître de calfatage.....	1.	1.	"	"	"
Officiers marin.' de calfatage. — Second de calfatage....	1.	1.	1.	1.	"
Officiers marin.' de calfatage. — Aides de calfatage.....	1.	1.	2.	1.	1.
Officiers marin.' de voilerie. — Maître de voilerie......	"	"	"	"	"
Officiers marin.' de voilerie. — Second de voilerie.....	1.	1.	1.	1.	"
Officiers marin.' de voilerie. — Aides de voilerie.......	2.	2.	1.	1.	1.
TOTAL des Officiers mariniers....	60.	64.	44.	31.	8.
Matelots	133.	90.	163.	100.	67.
Novices	43.	29.	30.	20.	5.
Soldats de la garnison................	45.	"	30.	20.	4.
Mousses.	28.	28.	9.	6.	3.
Surnuméraires . — Chirurgiens..........	3.	2.	2.	2.	1.
Surnuméraires . — Commis du Munitionn.'*	7.	6.	3.	2.	1.
Surnuméraires . — Domestiques'.........	7.	6.	"	"	"
TOTAL de l'Équipage...........	340.	238.	292.	189.	93.

DIFFÉRENCES — De 48 hommes sur le pied de guerre, dont 12 surnuméraires, 19 mousses, 16 Officiers mariniers, et le reste dans l'État-major.

De 51 hommes sur le pied de paix, dont 10 surnuméraires, 22 mousses, 13 Officiers mariniers, et le reste dans l'État-major.

FRÉGATE de 40 canons, portant 28 canons de 18 à la batterie,
gaillard

RÉPARTITION POUR LE COMBAT....	De L'ÉQUIPAGE, d'après le Réglement de 1786.	De L'ÉQUIPAGE, d'après celui que l'on propose.
Manœuvres...... { Officiers...........................	5.	4.
Officiers-mariniers et matelots............	53.	52.
Hunes......... Matelots et soldats................	15.	7.
Batterie........ { Officiers..........................	5.	4.
Maîtres ou seconds pour surveiller........	3.	2.
Service de 14 canons de 18, à 10 hommes par canon...........................	140.	140.
Pour distribuer la poudre dans la batterie....	2.	2.
Pour passer les gardes-feux aux gaillards.....	2.	2.
Pour garder les écoutilles................	2.	2.
Pour secourir les blessés................	4.	3.
Gaillards........ { Officier..........................	1.	1.
Second maître pour surveiller............	1.	"
Service de 6 canons de 8................	36.	30.
Pour la distribution des gargousses........	1.	1.
Service de deux caronades de 24...........	8.	6.
	278.	256.

2 canons de 8 sur les gaillards, et 4 caronades de 24 sur le d'arrière.

RÉPARTITION POUR LE COMBAT....	De L'ÉQUIPAGE, d'après le Réglement de 1786.	De L'ÉQUIPAGE, d'après celui que l'on propose.
Report.........................	278.	256.
Mousqueterie.... { Officier...............................	1.	»
Soldats................................	18.	10.
A la soute aux poudres et à l'entrepont, pour la distribution des poudres de l'arrière............................	12.	9.
Aux caissons à gargousses et à l'entrepont, pour la distribution des poudres de l'avant............................	8.	6.
A la cale à l'eau, pour le pansement des blessés..............	13.	7.
A l'entrepont, à la cale, à l'archipompe et aux pompes........	10.	4.
TOTAL..........................	340.	292.

FRÉGATE de 40 canons, portant 28 canons de 18 à la batterie, gaillard.

ARTICLES de la charge	POIDS, par articles, des objets composant la charge de la Frégate sur les dimensions		Différences.
	actuelles.	que l'on propose.	
	Longueur.... $144^{pi}\ 0^{po}$	Longueur.... $139^{pi}\ 0^{po}$	$5^{pi}\ 0^{po}$
	Largeur..... 36. 8.	Largeur..... 35. 6.	1. 2.
	Creux...... 19. 0.	Creux...... 18. 3.	0. 9.
	Déplacement à 6 pieds 6^{po} de batterie.. 1396^{ton}	Déplacement à 6 pieds 4^{po} de batterie.. 1254^{ton}	142^{ton}
	Tirant d'eau moyen..... $16^{pi}\ 1^{po}$	Tirant d'eau moyen..... $15^{pi}\ 6^{po}\ 6^{l}$	$0^{pi}\ 6^{po}\ 6^{l}$
	Haut.' d'œuvre-morte...... 12. 7.	Haut.' d'œuv. morte..... 12. 5. 0.	0. 2. 0.
	Surf. de la voilure 24000^{pp}	Surf. de la voilure 23638^{pp}	362^{pp}
	La frég. armée en guerre avec 340^{ho} d'équipage, 6 mois de vivres et 3 mois d'eau.	La frég. armée en guerre avec 292^{ho} d'équipage, 7 mois de vivres et 4 mois d'eau.	48^{ho} 1^{mois} 1.

OBJETS INAMOVIBLES.

ARTICLES	Tonneaux.	Livres.	Tonneaux.	Livres.	ton	liv
Mâture en place, et mâture de rechange............	35.	1500.	33.	1650.	2.	150.
Gréement.............	22.	500.	19.	1000.	2.	1500.
Embarcations..........	4.	1500.	4.	1200.	"	300.
État-major et équipage, avec les effets.............	44.	1250.	38.	1300.	5.	1950.
Artillerie, canons et équipem.'	113.	600.	113.	600.	"	"
du Maître de manœuvre.	11.	1000.	10.	1750.	"	1250.
du Maître voilier......	5.	"	4.	1200.	"	800.
du Maître canonnier...	30.	"	30.	"	"	"
du Maître de timonnerie et de l'armurier......	"	1500.	"	1500.	"	"
du Maître charpentier..	5.	"	4.	1500.	"	500.
du Maître calfat.......	5.	"	4.	1600.	"	400.
du Boulanger.........	4.	1000.	4.	"	"	1000.
TOTAL...........	282.	850.	269.	1300.	12.	1850.

12 *canons de 8 sur les gaillards, et 4 caronades de 24 sur le d'arrière.*

	Tonneaux.	Livres.	Tonneaux.	Livres.	Différences.	
					ton	liv
OBJETS INCONSOMMABLES.						
Lest de fer.............	130.	"	70.	"	60.	"
Eau..................	76.	1000.	87.	"	10.	1000.
Vin.................	47.	1657.	47.	400.	"	1257.
Futailles.............	25.	1520.	26.	1400.	"	1880.
Bois d'arrimage........	6.	1000.	6.	1400.	"	400.
ARTICLES { du Maître de manœuvre.	23.	"	21.	1500.	1.	500.
du Maître voilier......	3.	800.	3.	300.	"	500.
du Maître canonnier...	5.	"	5.	"	"	"
du Capitaine d'armes...	1.	1750.	1.	1750.	"	"
du Maître de timonn.ie..	"	1270.	"	1270.	"	"
du Maître calfat........	"	1600.	"	1600.	"	"
du Maître charpentier..	6.	"	5.	1500.	"	500.
du Chirurgien........	1.	600.	1.	500.	"	100.
Eau-de-vie, vinaigre, sel..	3.	429.	3.	200.	"	229.
TOTAL..........	331.	1626.	280.	1820.	50.	1806.
OBJETS CONSOMMABLES.						
Vivres, { Excepté le vin, l'eau-de-vie, le vinaigre, le sel et le bois....	69.	1372.	69.	800.	"	572.
Bois à brûler pour 3 mois,.	26.	400.	"	"	14.	400.
Charbon de terre, p.r 7 mois.	"	"	12.	"		
Provisions de table.......	7.	1000.	6.	1000.	1.	"
ARTICLES { du Maître de manœuvre.	"	850.	"	830.	"	20.
du Maître de timonn.ie.	"	170.	"	170.	"	"
du Maître canonnier...	"	200.	"	200.	"	"
du Maître calfat......	"	450.	"	440.	"	"
TOTAL........	104.	442.	88.	1440.	15.	1002.
RÉCAPITULATION.						
OBJETS { inamovibles...........	282.	850.	269.	1300.	12.	1850.
inconsommables......	331.	1626.	280.	1820.	50.	1806.
consommables.......	104.	442.	88.	1440.	15.	1002.
TOTAL DE LA CHARGE..	718.	918.	639.	560.	79.	358.

FRÉGATE de 36 canons, portant 26 canons de 12 à la batterie, gaillard

COMPOSITION DE L'ÉQUIPAGE..		D'après LE RÉGLEMENT de 1786.		D'après celui que l'on propose.		
		En guerre.	En paix.	En guerre.	En paix.	En flûte.
État-major....	Capitaine............	"	1.	"	"	"
	Capitaine de frégate....	1.	1.	"	"	"
	Lieutenans de vaisseau..	3.	2.	3.	3.	1.
	Enseignes de vaisseau...	2.	2.	3.	2.	2.
	Officier de la garnison..	1.	"	"	"	"
	Officier de santé en chef.	1.	1.	"	"	"
	Agent comptable......	1.	1.	1.	1.	"
	Élèves ou Volontaires..	4.	4.	2.	1.	1.
TOTAL de l'État-major.........		13.	12.	9.	7.	4.
Officiers marin.' de manœuvre.	Maître de manœuvre...	1.	1.	1.	"	"
	Second de manœuvre...	1.	1.	1.	1.	"
	Contre-maîtres........	2.	2.	"	"	"
	Quartiers-maîtres......	8.	6.	4.	3.	2.
Officiers marin.' de canonnage.	Maître de canonnage...	1.	1.	1.	"	"
	Seconds de canonnage..	3.	3.	2.	1.	"
	Aides de canonnage....	22.	26.	18.	12.	1.
	Armurier...........	1.	1.	"	"	"
Officiers marin.' de timonnerie.	Maître de timonnerie...	1.	1.	"	"	"
	Second de timonnerie...	1.	1.	1.	1.	"
	Aides et Pilote côtier..	3.	2.	3.	2.	2.
Officiers marin.' de charpentage.	Maître de charpentage..	1.	"	"	"	"
	Second de charpentage..	1.	1.	1.	1.	"
	Aide de charpentage....	1.	1.	1.	1.	1.
		47.	47.	33.	22.	6.

10 canons de 8 sur les gaillards, et 4 caronades de 24 sur le d'arrière.

COMPOSITION DE L'ÉQUIPAGE..	D'après LE RÉGLEMENT de 1786.		D'après celui que l'on propose.		
	En guerre.	En paix.	En guerre.	En paix.	En flûte.
Report.............	47.	47.	33.	22.	6.
Officiers marin.' de calfatage. — Maître de calfatage	1.	"	"	"	"
Second de calfatage. ...	1.	1.	1.	1.	"
Aide de calfatage	1.	1.	1.	1.	1.
Officiers marin.' de voilerie. — Maître de voilerie.	"	"	"	"	"
Second de voilerie	1.	1.	1.	"	"
Aide de voilerie	1.	1.	1.	1.	1.
TOTAL des Officiers mariniers...	52.	51.	37.	25.	8.
Matelots........................	113.	74.	125.	82.	58.
Novices	32.	22.	23.	15.	4.
Soldats de la garnison.............	35.	".	23.	15.	4.
Mousses........................	22.	22.	8.	6.	2.
Surnuméraires . — Chirurgiens..........	3.	2.	2.	2.	1.
Commis du Munitionn.''	6.	6.	3.	2.	1.
Domestiques..........	6.	5.	"	"	"
TOTAL de l'Équipage..........	282.	194.	230.	154.	82.

DIFFÉRENCES . — De 52 hommes sur le pied de guerre, dont 10 surnuméraires, 14 mousses, 15 Officiers mariniers, 4 dans l'État-major, et le reste en novices et soldats.

De 40 hommes sur le pied de paix, dont 9 surnuméraires, 16 mousses, 11 Officiers mariniers, et le reste dans l'État-major.

FRÉGATE de 36 canons, portant 26 canons de 12 à la batterie, gaillard

RÉPARTITION POUR LE COMBAT....	De L'ÉQUIPAGE, d'après le Réglement de 1786.	De L'ÉQUIPAGE, d'après celui que l'on propose.
Manœuvre — Officiers............................	5.	4.
Manœuvre — Officiers-mariniers et matelots............	45.	47.
Hunes......... Matelots et soldats....................	13.	6.
Batterie — Officiers............................	5.	3.
Batterie — Maîtres ou seconds pour surveiller.........	3.	2.
Batterie — Service de 13 canons de 12, à 9 et à 7 hommes par canon..........................	117.	91.
Batterie — Pour garder les écoutilles................	2.	2.
Batterie — Pour la distribution des poudres dans la batterie...........................	2.	2.
Batterie — Pour passer les gardes-feux aux gaillards.....	1.	2.
Batterie — Pour secourir les blessés................	3.	2.
	196.	161.

10 canons de 8 sur les gaillards, et 4 caronades de 24 sur le d'arrière.

RÉPARTITION POUR LE COMBAT...	De L'ÉQUIPAGE, d'après le Règlement de 1786.	De L'ÉQUIPAGE, d'après celui que l'on propose.
Report......................	196.	161.
Gaillards. .... Officier............................	1.	1.
Second maître pour surveiller..............	"	"
Service de 5 canons de 8.................	30.	25.
Pour la distribution des gargousses.........	1.	2.
Service de deux caronades de 24..........	8.	6.
Mousqueterie.... Soldats............................	9.	10.
A la soute aux poudres et à l'entrepont, pour la distribution des poudres de l'arrière........................	9.	9.
Aux caissons à gargousses et à l'entrepont, pour la distribution des poudres de l'avant........................	8.	6.
A la cale à l'eau, pour le pansement des blessés...............	12.	6.
A l'entrepont, à la cale, à l'archipompe et aux pompes..........	8.	4.
TOTAL......................	282.	230.

FRÉGATE de 36 canons, portant 26 canons de 12 à la batterie,
gaillard

ARTICLES de la charge	POIDS, par articles, des objets composant la charge de la Frégate sur les dimensions		Différences.
	actuelles.	que l'on propose.	
	Longueur.... 135^{pi} 0^{po}	Longueur.... 129^{pi} 0^{po}	6^{pi} 0^{po}
	Largeur..... 34. 6.	Largeur..... 33. 0.	1. 6.
	Creux....... 17. 9.	Creux....... 17. 0.	0. 9.
	Déplacement à 6 pieds 6^{po} de batterie.. 1150^{ton}	Déplacement à 5 pieds 8^{po} de batterie.. 1008^{ton}	142^{ton}
	Tirant d'eau moy. 15^{pi} 5^{po}	Tirant d'eau moy. 14^{pi} 9^{po}	0^{pi} 8^{po}
	Hauteur d'œuvre-morte........ 12. 7.	Hauteur d'œuvre-morte........ 11. 8.	0. 11.
	Surf. de la voilure 22000^{pp}	Surf. de la voilure 19708^{pp}	2292^{pp}
	La frég. armée en guerre avec 282^{ho} d'équipage, 6 mois de vivres et 3 mois d'eau.	La frég. armée en guerre avec 230^{ho} d'équipage, 7 mois de vivres et 4 mois d'eau.	52^{ho} 1^{mois} 1.

OBJETS INAMOVIBLES.

ARTICLES	Tonneaux.	Livres.	Tonneaux.	Livres.	ton	liv
Mâture en place et mâture de rechange	31.	1800.	29.	1600.	2.	200.
Gréement...............	16.	1500.	14.	500.	2.	1000.
Embarcations	4.	500.	4.	"	"	500.
État - major et équipage, avec les effets.........	36.	1850.	30.	370.	6.	1480.
Artillerie, canons et équipem.'	83.	250.	83.	250.	"	"
du Maître de manœuvre.	10.	500.	9.	"	1.	500.
du Maître voilier	4.	800.	4.	"	"	800.
du Maître canonnier...	21.	"	21.	"	"	"
du Maître de timonnerie et de l'armurier......	"	1400.	"	1400.	"	"
du Maître charpentier..	4.	1000.	4.	800.	"	200.
du Maître calfat	4.	1000.	4.	800.	"	200.
du Boulanger	4.	"	3.	1500.	"	500.
TOTAL..........	222.	600.	208.	1220.	13.	1380.

10 canons de 8 sur les gaillards, et 4 caronades de 24 sur le d'arrière.

	Tonneaux.	Livres.	Tonneaux.	Livres.	Différences. ton	Différences. liv
OBJETS INCONSOMMABLES.						
Lest de fer	100.	"	56.	"	44.	"
Eau	63.	"	69.	"	6.	"
Vin	38.	1915.	37.	1000.	1.	915.
Futailles	21.	900.	21.	1500.	"	600.
Bois d'arrimage	5.	400.	5.	1000.	"	600.
ARTICLES { du Maître de manœuvre.	20.	1000.	18.	"	2.	1000.
du Maître voilier	3.	100.	2.	1800.	"	300.
du Maître canonnier . . .	4.	"	4.	"	"	"
du Capitaine d'armes . .	1.	1000.	1.	1000.	"	"
du Maître de timonn.ie .	"	1200.	"	1200.	"	"
du Maître calfat	"	1500.	"	1500.	"	"
du Maître charpentier . .	5.	500.	5.	"	"	500.
du Chirurgien	1.	500.	1.	400.	"	100.
Eau-de-vie, vinaigre, sel . . .	2.	1297.	2.	1070.	"	227.
TOTAL	268.	312.	226.	470.	41.	1842.
OBJETS CONSOMMABLES.						
Vivres. { Excepté le vin, l'eau-de-vie, le vinaigre, le sel et le bois . . .	56.	1686.	55.	"	1.	1686.
Bois à brûler, pour 3 mois.	22.	272.	"	"	12.	272.
Charbon de terre, p.r 7 mois.	"	"	10.	"		
Provisions de table	6.	1500.	5.	500.	1.	1000.
ARTICLES { du Maître de manœuvre.	"	800.	"	780.	"	20.
du Maître de timonn.ie .	"	160.	"	160.	"	"
du Maître canonnier . . .	"	180.	"	180.	"	"
du Maître calfat	"	430.	"	420.	"	10.
TOTAL	86.	1028.	71.	40.	15.	988.
RÉCAPITULATION.						
OBJETS { inamovibles	222.	600.	208.	1220.	13.	1380.
inconsommables	268.	312.	226.	470.	41.	1842.
consommables	86.	1028.	71.	40.	15.	988.
TOTAL DE LA CHARGE.	576.	1940.	505.	1730.	71.	210.